W0350651

La parole au peuple

La collection *Le 1 en livre*
est dirigée par Éric Fottorino

Dans la même collection :

Leïla Slimani, *Le diable est dans les détails*
Macron par Macron
Tahar Ben Jelloun, *Un pays sur les nerfs* (à paraître)

L'intégralité de ces textes a été publiée par *Le 1*.
www.le1hebdo.fr

© Le 1/ Éditions de l'Aube, 2017
www.editionsdelaube.com

ISBN 978-2-8159-2222-7

Michel Onfray

La parole au peuple

éditions de l'aube

Avant-propos

Onfray est un cas. Pas un cas d'école, même s'il excelle dans la pédagogie vivace qui réveillerait jusqu'aux endormis du dernier rang. Le cas Onfray est extrascolaire et extra tout court. Les textes qu'on va lire ont chaque fois été commandés à l'auteur dans l'urgence. La presse est toujours pressée, c'est à cela qu'on la distingue de la recherche qui sait prendre son temps. Le cas Onfray, c'est ce mélange étourdissant d'érudition (accumulée à force de lectures et de réflexions) avec une vélocité sans pareille pour condenser un gai savoir en chroniques lisibles, tantôt savantes, tantôt sensibles, toujours engagées du côté de l'humain. Qu'il évoque son enfance pauvre en livres, la disparition de sa compagne qu'il aida à partir, ou le corps des travailleurs à travers celui de son père, cet « ouvrier agricole à neuf doigts », le philosophe Onfray n'est jamais loin du jeune Michel assoiffé de connaissance pour comprendre l'énigme du monde. On découvrira que, au gré des bonds et rebonds proposés par notre hebdomadaire *Le 1*, le philosophe s'est servi d'une une ample panoplie, convoquant ses chers classiques – bonjour Aristote, Platon, Socrate -, draguant s'il le faut la pensée anglaise la plus aiguisée, celle des deux Thomas, More et Hobbes, ou bataillant avec pour munition Sartre et Camus, ou ce bon vieux La Boétie et son *discours de la servitude volontaire*. Point de servitude chez Onfray, mais une âme de serviteur, belle et belliqueuse, pour nous faire toucher du doigt, et par la pensée, les idées qui donnent à réfléchir sans s'ennuyer. Ici il pourfend les tenants d'une démocratie trop libérale à son goût, là il embroche à plume déployée les méprisants de l'agriculture ou les inconscients des atteintes causées à la planète. Il y a du chevalier chez Onfray, mi-Quichotte et mi-Bayard, un sans peur qui ne se veut pas sans reproches, car c'est dans l'adversité qu'il semble trouver le meilleur de sa sève sans cesse recommencée.

Éric Fottorino
Directeur de l'hebdomadaire *Le 1*

Autobiographie au tableau noir

*10 septembre 2014**

* *Le 1* n° 23 : « Que faut-il apprendre à nos enfants ? ».

Mon père était ouvrier agricole, ma mère femme de ménage. Il y avait deux livres dans la maison de deux pièces de dix-sept mètres carrés qu'avec mes parents et mon frère nous habitions : un dictionnaire, le livre masculin, un livre de cuisine, le livre féminin. Nous n'avons jamais pu partir en vacances, entendre parler une langue étrangère, visiter un musée, aller au cinéma, au théâtre, au restaurant, encore moins à l'opéra. Il n'y avait pas de bibliothèque dans mon village et l'achat d'un livre n'était pas envisageable quand, à la moitié du mois, l'argent faisait défaut pour acheter de la viande. Si je suis devenu ce que je suis devenu, je le dois à l'école républicaine et aux bourses qui m'ont permis, du primaire à l'université, de faire des études dignes de ce nom.

Aujourd'hui, un enfant issu des classes modestes n'a sociologiquement presque aucune chance de sortir de son milieu. Les analyses de Bourdieu, n'en déplaise aux libéraux de droite et de gauche qui font partout la loi depuis que les socialistes ont renoncé à la gauche en 1983, restent d'une cruelle actualité : l'école ne permet quasiment plus à un élève de s'élever l'âme, l'esprit, le cœur, l'intelligence. Panne d'ascenseur social comme on dit.

J'ai eu la chance, dans l'école primaire de mon village, d'apprendre à lire avec la méthode syllabique qui a longtemps fait ses preuves ; puis les mathématiques avec le par cœur des tables de multiplication et l'ardoise du calcul mental ; j'ai découvert, toujours avec le par cœur, la cadence, le rythme et la beauté de la langue française avec des poèmes de Lamartine, de La Fontaine ou de René Guy Cadou ; j'ai pris connaissance de l'histoire de France avec les images d'Épinal : Saint Louis rendant la justice sous son chêne, Bernard Palissy brûlant ses meubles pour cuire ses émaux, Jeanne d'Arc sauvant la France,

Robespierre activant la guillotine pour le bien de l'Humanité, les poilus dans leurs tranchées, etc.

Mais, né en 1959, j'avais donc 9 ans au moment de Mai 68, j'ai vu également les effets de Mai dans les salles de classe : avant que Barthes ne dise que la langue est fasciste, des enseignants la vivaient comme telle : plus question dès lors de dictées-questions, d'analyse logique, d'apprentissage de poésies, de rédactions, auxquels l'esprit du temps substituait des dictées à trous de cinq ou six lignes dont on avait pris connaissance au préalable ou des textes libres, car il fallait que les textes eux aussi fussent libres ! Nul besoin d'apprendre à compter, on nous prédisait le triomphe des calculettes qui feraient ça mieux et plus vite que nous, il nous fallait, comme un chercheur du CNRS, faire des mathématiques modernes, car les autres étaient anciennes, évidemment, et là aussi il fallait que les mathématiques fussent modernes.

Libres et modernes, nous l'étions peut-être, comme les textes et les mathématiques, mais en faisant des fautes d'orthographe, en ne sachant plus écrire correctement, en n'étant plus capables de compter. Comme la nouvelle dictée, nous étions chétifs, malingres, étiques, maigres et à trous…

Dans l'orphelinat où j'avais été placé par une mère qui avait elle-même été abandonnée, les prêtres salésiens, entre crasse pour tous et pédophilie pour quelques-uns, avaient eux aussi été touchés par la grâce libertaire et moderne issue de Mai : ainsi, le professeur de français avait enregistré son cours sur un magnétophone à cassette, il avait bricolé un réseau audio avec des paquets inextricables de fils et des écouteurs individuels graissés au cérumen de l'auditeur précédent. Ce qu'il y avait à entendre n'était pas audible et nous arrivait en pointillés auditifs lardés de grésillements… Il lui arrivait également de tendre un fil de nylon entre deux murs de la classe sur lequel il accrochait avec des pinces à linge colorées des photos découpées dans *La Vie catholique* : l'exercice consistait à s'exprimer, librement, bien sûr, sur les images indigentes.

Chétifs, malingres, étiques, maigres et à trous, nous l'étions plus que jamais. Les trous se creusaient…

Quand j'arrivai à l'université de Caen, vers la fin des années soixante-dix, quelques soixante-huitards encore décoiffés ne trouvaient pas utile de faire lire Platon et préféraient la lecture du *Banquet* proposée par Lacan ; pas utile non plus de lire le *Contrat social* de Rousseau parce qu'il était de bon ton d'en enseigner sa critique chez Sade ; nul besoin non plus de lire Marx puisque Althusser l'achevait, ou Nietzsche puisque Foucault le dépassait… Résultat : d'années en années, zéro agrégation à l'université et du chômage pour les étudiants diplômés en philosophie. Ils passaient le concours pour devenir instituteur, on ne disait pas encore *professeur des écoles*, et ils devenaient de fameux théoriciens de la pédagogie souvent chahutés par leurs élèves…

Dans l'école où mes anciens compagnons de fac enseignent, le tableau noir a disparu, trop sinistre, il est devenu blanc, plus fun ; la craie aussi, trop allergène, remplacée par le feutre noir ; la plume, l'encre et l'encrier, bien sûr, auxquels on préfère le Bic baveux ou le feutre écrasé après les deux lignes d'écriture quotidienne ; l'armoire avec le crâne qui riait dans notre dos a libéré un mur (car il faut aussi libérer les murs…) sur lequel sont punaisés les dessins et collages d'élèves à égalité ontologique avec ceux de Matisse ; la carte de France a été vendue lors d'un vide-greniers, ce qui a permis d'augmenter la cagnotte pour acheter un ordinateur, la carte de France était une incitation au nationalisme, or le nationalisme, c'est la guerre, et la guerre, ça n'est pas bien…

Pas question, bien sûr, de tenir des propos réactionnaires en souhaitant le retour à cette école d'antan. Mais pas question non plus de souscrire à ce qui a été fait de l'école depuis Mai 68 – dont je reste un partisan pour la liberté permise. Mais nous faisons un mauvais usage de ce que nous prenons pour de la liberté et qui n'est que licence : la liberté sait où elle va, la licence, non.

La liberté, c'est ce à quoi on éduque : elle n'est pas un donné, un *a priori*, mais un acquis, une construction. L'école devrait apprendre à la réaliser. Non pas en laissant faire, en flattant le naturel infantile, en faisant de l'enfant l'axe du monde, mais en faisant du monde l'axe de l'enfant. L'enfant n'est pas naturellement artiste parce qu'il barbouille sa feuille, mais il peut *le devenir* s'il apprend d'abord les lois élémentaires du dessin ; l'enfant n'est pas naturellement musicien dès lors qu'il tape en rythme sur des percussions, il lui faut *le devenir* en commençant par se soumettre aux lois et aux règles de la musique ; l'enfant n'est pas naturellement écrivain quand il raconte ses vacances dans le style des textos, il lui faut pour *le devenir* apprendre l'orthographe, le style, la grammaire, la syntaxe. L'école devrait être le lieu où l'on rend possible *le devenir* en ne se contentant pas de l'être immédiat et du présent pur, cette religion contemporaine.

L'apprentissage exige des vertus perdues : la modestie, la patience, la constance, la persévérance. Notre époque célèbre l'inverse : l'arrogance, l'impatience, l'inconstance, le caprice. L'instituteur qui faisait l'admiration d'Albert Camus a été remplacé dans l'imaginaire collectif par le vainqueur de la *Star Academy*, le comédien du sitcom, le footballeur de l'équipe nationale, le présentateur d'émission télé, l'acteur de cinéma, toutes activités accessibles avec les dictées à trous…

Il faut en finir avec le schéma bipolaire qui, ici comme ailleurs, fait la loi en France : retour à l'antique et conservation du patrimoine éducatif à droite contre célébration de l'innovation et de la modernité pédagogique à gauche. L'innovation et la modernité, ce sont la conservation et le dépassement de l'antique et du patrimoine. Conserver ce qui fonctionne, dépasser ce qui ne marche pas. En la matière, les rythmes scolaires ou l'apprentissage du codage sont des rogatons.

Les enfants de pauvres font les frais de l'effondrement du système d'instruction et d'éducation français. Pour les autres, les parents se substituent à l'école défaillante. Par reproduction sociale et imprégnation sociologique, par imitation aussi, par piston et connaissance souvent, ils s'en sortent toujours pendant que les autres, culturellement vierges comme un cahier d'écolier jamais ouvert, s'apprêtent pour beaucoup à devenir leurs domestiques, leurs serviteurs, leurs obligés. Ce gâchis nourrit le ressentiment avec lequel se fomentent les mauvais coups dans l'histoire.

Un jour, on écrira la généalogie de la négativité qui ne manquera pas d'arriver : un chapitre montrera quel rôle a joué l'effondrement de l'école dans l'avènement du négatif. Faute de n'avoir pas parachevé Mai 68 avec la construction d'une positivité libertaire, ce grand mouvement qui se voulait de libération et d'émancipation a produit son contraire : l'asservissement des plus modestes, des plus humbles, des gens de peu, et le triomphe des fauves rendu possible par les libéralismes de droite et de gauche, la religion du personnel politique alternativement aux affaires dans la configuration institutionnelle française. Une école qui s'effondre, c'est une prison qui s'ouvre…

La vérité ne fait pas rêver

*25 mars 2015**

* *Le 1* n° 49 : « Politique : pourquoi ils mentent ».

Le menteur est certes coupable, mais coupable aussi celui qui croit le menteur quand il aurait pu se douter qu'il mentait. Il y a des gens qui font profession de mensonge, c'est sottise de vouloir l'ignorer : les *publicitaires,* qui vantent les mérites d'un produit auquel ils ne croient pas, mais qui sont payés pour le faire vendre ; les *salariés d'une religion,* qui n'ont jamais vu Dieu, mais en parlent tous les jours et menacent ceux qui n'y croient pas de mort ou d'enfer ; les *mafieux,* qui prétendent agir au nom d'une morale de la solidarité tribale et qui ne visent qu'au monopole de la violence dans le quartier ; les *commerçants,* dont les soldes révèlent une fois par an avec quelles marges ils ponctionnent le consommateur en temps normal. Les politiciens sont un mélange de tout cela : publicitaires et salariés d'une religion, mafieux et commerçants. Je dis bien les politiciens, que je distingue des hommes politiques, qui, eux, possèdent une vision de l'histoire et n'ont pas pour seul objectif d'être élus ou réélus.

Ces gens-là ont leurs penseurs : Platon, qui justifie le mensonge dans *La République* pourvu qu'il soit pratiqué par les gouvernants et uniquement dans l'intérêt de la cité – c'est la naissance de la raison d'État. Machiavel, qui, dans *Le Prince*, estime que l'homme qui veut exercer le pouvoir se retrouve face à deux questions : « Comment accéder au pouvoir ? » puis : « Quand on y est, de quelle façon s'y maintenir ? ». Deux questions qui ont une seule et même réponse : tous les moyens sont bons, une fois en utilisant la ruse du renard, une autre en ayant recours à la force du lion. Or, chacun en conviendra, la ruse est l'une des modalités du mensonge. Trotsky enfin, qui, dans *Leur morale et la nôtre*, interdit qu'on puisse penser avec les catégories de la morale bourgeoise les pensées, faits et gestes proférés ou accomplis par un homme qui agit dans l'intérêt de la révolution : pendre des opposants politiques ne saurait donc être immoral au regard de la morale révolutionnaire, on imagine bien que le mensonge, menue monnaie du militant, s'avère légitime dans cette configuration.

Ces penseurs ont en commun d'être des conséquentialistes en philosophie, autrement dit, des individus qui ne condamnent pas le mensonge *en soi* mais en regard de *ce qu'il sert*, de ses conséquences : mentir pour assurer l'être et la durée de l'État, mentir pour permettre l'accession au pouvoir et le fait de s'y maintenir, mentir pour accélérer le processus révolutionnaire puis son être et sa durée, voilà qui est légitime.

Chacun comprendra que les politiciens pensent et agissent de même : du « Changer la vie » mitterrandien à « Réenchanter le rêve français » de Hollande, en passant par la promesse chiraquienne d'attaquer « la fracture sociale » ou sarkozyste d'éradiquer « la racaille », tous ont promis plus qu'ils ne savaient pouvoir tenir – sinon, ce n'était pas mensonge cynique, mais bêtise crasse…

Quiconque dispose d'un peu de lucidité, de sens de l'histoire peut imaginer que les promesses du Front national et du Front de gauche, sans parler de celles du NPA, buteraient sur le réel comme Syriza trébuche déjà sur la réalité, au point que, moins d'une semaine après avoir obtenu le pouvoir, ce parti a déjà renoncé à sa mesure phare d'augmenter le SMIC !

Les hommes politiques qui ont refusé le mensonge et voulu dire la vérité n'ont jamais fait carrière. La vérité ne fait pas rêver, voilà la cruelle vérité. Or une partie du peuple, abrutie par les médias de masse, veut rêver, le réel lui est trop dur. Elle ne veut pas qu'on lui promette du sang, des larmes et des efforts, mais du plein-emploi, du consumérisme de masse, de l'accès à la société de consommation. Dans notre ère de communication généralisée, le premier menteur qui a compris cela a le pouvoir à portée de la main.

Oui au non

*27 mai 2015**

* *Le 1* n° 58 : « Ils ont osé dire non ! ».

Résister, c'est dire non dans un monde où tout nous invite à dire oui.

Résistant, le philosophe Diogène de Sinope, qui, rencontrant Alexandre le Grand dans sa superbe, dit au maître de l'empire qui lui demandait n'importe quel désir afin de le lui exaucer pour montrer ainsi sa puissance : « Tire-toi, tu me fais de l'ombre… » Le sage prouvait alors de façon cinglante à celui qui croyait tout posséder et tout dominer qu'il ne possédait ni ne dominait rien tant que le philosophe refusait sa logique.

Résistant, Spartacus, quand il dit non au destin que Rome lui réserve, à savoir mourir dans un combat de gladiateurs, puis qu'il fédère les esclaves et fait trembler le pouvoir romain pendant des années. Spartacus refusait ce que tous les autres acceptaient : il voulait la liberté pour lui et les siens. Il meurt pendu.

Résistant, l'empereur Julien, qu'on dit faussement l'Apostat, car il n'apostasie pas une foi chrétienne qu'il n'a jamais eue pour devenir païen : il revendique son paganisme, qui est la religion de son enfance, en pleine époque de christianisme dominant depuis Constantin. Il meurt avec une lance dans le dos.

Résistant, Descartes, quand, en plein triomphe de la philosophie scolastique, autrement dit sous l'impérieuse domination de l'idéologie officielle d'État de la chrétienté, il affirme qu'il va douter méthodiquement afin de parvenir par lui-même aux vérités dont il refuse qu'elles lui soient soufflées à l'oreille par le pouvoir. Même s'il épargne la religion de son roi et de sa nourrice pour éviter d'avoir des ennuis avec la monarchie et l'Église, il met Dieu dans un coin en affirmant, avant qu'un autre lui reprenne l'idée beaucoup plus tard, qu'il n'avait pas eu besoin de cette hypothèse. Il meurt en exil volontaire.

Résistante, Charlotte Corday, qui, républicaine girondine, estime que la révolution n'est pas révolution si elle doit se payer par des fleuves de sang versé partout dans son pays. En fille de Plutarque, elle dit non à Robespierre, Marat et autres pourvoyeurs de guillotine. Elle meurt sur l'échafaud.

Résistant, Albert Camus, quand, en pleine époque où les intellectuels parisiens célèbrent en grand nombre la dictature, pourvu qu'elle s'effectue au nom de Marx, dit non à la fascination pour Lénine, l'Union soviétique, les pays de l'Est, Mao, la Chine, Cuba, des régimes qui, pour le bien du peuple, massacrent le peuple… Il meurt épuisé par la haine.

Résistant, le général de Gaulle, quand, au moment où le maréchal Pétain fait don de son vieux corps d'ancien combattant de 14-18 à la France, il refuse que le destin de son pays soit de devenir le valet d'une Allemagne national-socialiste et qu'il organise à Londres, sans moyens, avec juste le désir de sauver l'honneur, de quoi écrire avec des êtres d'exception l'Histoire de France que chacun sait. Il meurt renvoyé dans ses pénates.

Le résistant fonctionne avec le collaborateur : l'un et l'autre sont avers et revers de la même médaille. Le mot est très connoté par la collaboration avec l'occupant nazi, au point qu'on a du mal à l'utiliser hors polémique, mais il nomme celui avec lequel le pouvoir se fait, se constitue, se dit et dure : l'empire d'Alexandre, celui de Rome, le christianisme, les Jacobins de 93, l'Empire soviétique, la France de Vichy. Aujourd'hui, le règne des marchés qui font la loi avec leur cohorte de domestiques haut de gamme. Dire non, c'est toujours une autre façon de dire oui – *à la liberté*.

Le grand choc des idéalistes et des réalistes

*8 juillet 2015**

* *Le 1* n° 64 : « Macron, un philosophe en politique ».

Dans l'histoire des idées politiques, deux lignes de force opposent les philosophes qui, mécontents de la société réelle, *proposent une cité idéale* et ceux qui *proposent un comportement idéal* dans une société dont ils savent qu'elle n'est jamais idéale, mais toujours réelle.

Les intellectuels s'inscrivent souvent dans le premier lignage. Ils se mettent sur les rangs pour penser, certes, et c'est un beau prétexte, une excellente justification, mais aussi et surtout pour penser en courtisans qui pourraient bien, si leurs projets aboutissaient, profiter en satrapes du pouvoir très réel et très concret. On imagine ce qu'aurait été la vie de Sartre et Beauvoir dans une France gouvernée par un Néron bolchevique ! On imagine aussi ce qu'aurait été celle de Camus…

Faisons l'histoire de ce double lignage qui, *côté cité idéale*, rassemble la république de Platon, le glaive de saint Paul, la cité de Dieu d'Augustin, l'Utopie de More, la Cité du soleil de Campanella, le contrat social de Rousseau, la cité communiste de Marx, l'État marxiste-léniniste de Sartre…

Côté *comportement idéal*, dans quelque cité que ce soit, fût-ce la cité voulue par Platon, Paul, Augustin, etc., on trouve : l'ironie de Socrate, le tonneau de Diogène, le jardin d'Épicure, les partouzes ontologiques des gnostiques licencieux, la résistance à la servitude volontaire de La Boétie, l'humour de Voltaire, le rire du Zarathoustra de Nietzsche, la cabane de Thoreau au bord du lac de Walden, le contre-modèle de la Méditerranée solaire de Camus.

Dans sa *République*, Platon dit vouloir la justice, mais il la définit comme la forme politique dans laquelle chacun est à sa place : les gouvernants gouvernent, les prolétaires travaillent pour nourrir les gouvernants qui les oppriment et la caste des guerriers et des militaires qui les empêchent de vouloir que leur destin serve à autre chose.

Le philosophe grec fournit un modèle politique à tous ceux de son lignage : Alain Badiou a récemment publié *La République de Platon*, une fausse traduction qui s'avère une réelle adaptation contemporaine, pour dire tout le bien qu'il pense de cet État totalitaire qui fait l'éloge du mensonge, marie les femmes et les hommes dans une perspective eugéniste en truquant les tirages au sort, supprime les enfants mal conformés, expulse les poètes de la cité, décide du détail de la vie quotidienne (nourriture, horaires, vêtements, loisirs, sexualité, usages du corps), sélectionne les élites qui dominent les masses, éduque de façon autoritaire et idéologique, met les femmes en commun, organise les fêtes, ferme la cité et mène la guerre contre les autres, transformés en ennemis…

On retrouve ce programme totalitaire dans la totalité des œuvres de ce lignage : dans son *Utopie* (1516), Thomas More ajoute une défense des guerres de colonisation, une gestion des déplacements par passeports, une exportation des pauvres, un refus du maquillage, l'achat de condamnés à mort pour travailler, l'unification des cultes, la mainmise sur les architectures privées autant que publiques. Tommaso Campanella peaufine la chose dans *La Cité du soleil* (1623).

Qui dira que ces projets n'ont pas inspiré les nazis avec leur eugénisme totalitaire, leur bellicisme, leur négation de l'individu, leur célébration de la communauté dans laquelle se dilue la personne, leur gestion du détail de la vie des gens ? Même chose avec le marxisme-léninisme avant lui, soucieux, lui aussi, d'un « homme nouveau ». Rousseau n'aura pas été pour peu, ni la Révolution française dans sa version jacobine, dans le passage à l'acte de ces folies philosophantes. Sartre eut le projet d'écrire un Robespierre, acteur chéri par Badiou, et sa *Critique de la raison dialectique* fut au XXe siècle l'épais manuel indigeste de ceux qui mirent le crime au service de ce qu'ils appelaient la Vertu.

Ce lignage idéaliste, qui ferait volontiers périr le réel quand il n'obéit pas à leurs coquecigrues théoriques plutôt que de revoir leurs fantasmes philosophants à la baisse, est flanqué d'un *lignage réaliste* qui n'est pas contre l'idée, pourvu qu'elle soit au service du réel plutôt que l'inverse. On ne philosophe pas moins de ce côté-là de la barrière, mais on y trouve moins de vent et de fumée, moins de délire et de concepts, moins de sang et de barbelés aussi.

Socrate n'a pas été mis à mort par hasard : les gens de pouvoir n'aiment ni les gens libres ni les paroles libres. Or la liberté est la chose du monde la moins bien partagée. Diogène fut son compagnon de route avec son ironie libertaire. Alexandre possède le monde, mais il ne possède pas Diogène, donc il ne possède rien.

Cette façon de faire est aussi une politique, mais elle économise la mythologie du grand changement au profit de la réalité des petites destructions du grand colosse qui finit par s'écrouler un jour. La Boétie formule le mode d'emploi de cette politique libertaire : ne pas consentir au pouvoir qu'on estime injuste, car il n'est que parce que nous le voulons – ou, plutôt, parce que nous ne voulons pas qu'il ne soit plus.

Contre la cité de Dieu d'Augustin, les gnostiques licencieux du début de notre ère veulent des communautés libertines où le corps est la voie d'accès au divin : il suffit d'organiser cette orgie politique contractuelle dans des espaces libertaires. Épicure avait lui aussi affirmé que l'on pouvait créer dans la cité corrompue la cité idéale à laquelle on croit en l'incarnant concrètement : les communautés épicuriennes ont existé pendant presque dix siècles. En son temps, Nietzsche a désiré cette communauté ; Thoreau l'a créée avec les transcendentalistes américains. Quant à Camus, pour lutter contre l'Europe fasciste des années trente, il voulait faire irradier le soleil méditerranéen sur le Vieux Continent qui allait en s'obscurcissant. Le noir a tout recouvert. Mais il reste toujours pour chacun la possibilité d'une vie solaire – voilà une autre façon de faire de la politique.

J'ai fait tuer

*4 novembre 2015**

* *Le 1* n° 81 : « Voyage au bout de la vie ».

L'euthanasie, ma compagne et moi nous en avions souvent parlé. Et puis un jour, il ne nous a plus fallu en parler, mais passer à l'acte. J'avais rencontré Marie-Claude dans une librairie d'Argentan quand j'avais dix-neuf ans. Nous avons vécu ensemble trente-sept années jusqu'à ce mois funeste d'août 2013. Trente-sept années dont treize de cancer.

Nous avons tout partagé – les rendez-vous, les résultats, les prises de sang, les analyses, les radios, les contrôles, les opérations, les rechutes, les espoirs, les doutes, les chimiothérapies, les pharmacies, les salles d'attente, les chirurgies.

Nous avons partagé aussi le reste : le regard des autres, les publicités des assurances obsèques qui arrivent dans la boîte aux lettres peu de temps après le diagnostic, les cheveux qui tombent par poignées, le choix d'une perruque, la tonte des cheveux, le jour où on enlève le postiche, le corps qui maigrit, faiblit, les hospitalisations d'urgence, les ponctions d'ascite, la mort des compagnons de chimio, le silence des soignants, le regard compassionnel de ceux qui savent, les troubles visibles dans l'œil du médecin.

Et puis un jour, le médecin m'a demandé de venir dans son bureau pour me dire qu'il ne restait plus que trois semaines de vie à Marie-Claude. Passons les détails. On veut juste alors que ce que l'on sait, soi, l'autre ne le sache surtout pas. Nul besoin de dire à l'autre que le mois prochain il sera sous terre. Ou que, cette année, nous ne pourrons fêter l'anniversaire de notre filleul comme nous le faisons rituellement. Ou qu'à Noël elle ne serait plus là pour choisir les cadeaux des filles de notre filleul. Que fait-on alors ?

On se met en quête d'une confirmation, d'une validation. Le médecin peut se tromper. On se raccroche à l'idée que l'erreur est humaine. On se dit que certains se sont gravement trompés. Pourquoi pas pour nous ? Et le déni s'empare de nous sans qu'on s'en aperçoive, même quand, c'est mon cas, on a assez réfléchi sur la dénégation pour lui avoir consacré un livre [*Le réel n'a pas eu lieu*, Autrement, 2014]…

Il faut vivre avec cette vérité dont on se demande pourquoi elle a été délivrée. J'ai fait savoir au médecin que Marie-Claude était pour l'euthanasie. On m'a rétorqué : « Vous n'y pensez pas, c'est interdit. » Mais c'est autorisé d'annoncer la date de décès de la personne avec laquelle on voulait vieillir et mourir ? Au nom de quelle étrange vertu ? La vérité ? Ou de quel étrange vice ? Affirmer son pouvoir de tuer l'âme de celui qui va rester ?

Certes l'euthanasie est interdite. Sauf pour ceux qui ont de l'argent et peuvent aller en Suisse ou ont des amis médecins qui les aideront. Nous avions, hélas, depuis le temps, des amis médecins. L'un d'entre eux a fait le nécessaire. Je le dis aujourd'hui car il est mort quelque temps après, lui aussi.

La question n'est plus pour ou contre l'euthanasie, puisqu'elle est régulièrement pratiquée en catimini, dans le silence et le secret, en douce, par compassion des médecins et par amour pour ceux qui veulent qu'à la mort qui suffit bien, on n'ait pas besoin d'ajouter le spectacle de sa mort à celui qui va mourir. L'agonie n'est bonne à rien.

Ne pas légiférer n'est pas empêcher l'euthanasie, mais la reléguer aux pratiques clandestines qui sont les plus à même de laisser les mains libres aux soignants pathologiques qui tuent en croyant aider, alors qu'on ne leur a rien demandé. L'euthanasie n'est pas donner la mort, mais empêcher que la mort de l'être aimé devienne un spectacle dégradant qu'on lui inflige. C'est éviter une cruauté – ce qui est toujours amour.

Voilà un programme…

*17 février 2016**

* *Le 1* n° 94 : « Politique : comment ranimer la flamme ? ».

Réinventer la démocratie, ce serait se débarrasser de tous ceux qui font partie du personnel politique depuis mai 1981 ; ce serait en finir avec tout cumul de mandats ; ce serait interdire l'élection ou la réélection de quiconque dispose d'un casier judiciaire ; ce serait empêcher que la politique devienne un métier ; ce serait obliger les candidats aux présidentielles, non pas à des primaires, mais à vivre un an avec le SMIC dans un quartier périphérique ; ce serait supprimer le Sénat et les prébendes de cette assemblée de notables gavés ; ce serait arrêter de nommer à des postes d'État payés avec l'argent public des politiques qui viennent de perdre des élections ; ce serait abolir cette Assemblée nationale dont la représentativité sociologique est totalement nulle ; ce serait tenir pour nuls et non avenus les partis et leurs bien nourris ; ce serait se comporter pareillement avec les syndicalistes qui n'ont pas vu l'usine depuis des lustres ; ce serait leur préférer les conseils et les soviets sans l'État : les coordinations ; ce serait interdire les permanents des partis ; ce serait imposer le mandat impératif et assurer sur-le-champ l'éviction de quiconque a été élu sur un programme qu'il n'applique pas, voire qui en applique un autre qui s'avère le contraire ; ce serait cesser de subventionner les journaux qui ne vivent que de l'argent public tout en nous faisant l'éloge des bienfaits du libéralisme – c'est-à-dire, sauf deux ou trois, toute la presse française ; ce serait réduire l'échelle des salaires de façon à ce que le présentateur du JT de 20 heures sur le service public ne gagne pas dix fois le salaire mensuel d'un ouvrier – presque cent fois dans le privé ; ce serait abolir le jacobinisme qui fait de Paris le Léviathan qui se nourrit du sang des provinces ; ce serait donner un réel pouvoir aux régions – et non leur confier la tâche de suppléer l'État défaillant et moribond ; ce serait dire aux bureaucrates de Paris et aux technocrates de Bruxelles qu'ils vont goûter du chômage que leur impéritie crée massivement ; ce serait transformer l'ENA, Sciences Po et l'École normale supérieure en porcheries bio ou en ateliers poterie ; ce serait instaurer la proportionnelle intégrale ; ce serait cesser de fustiger la démocratie suisse et s'inspirer de ses votations référendaires ; ce serait trouver de l'argent pour augmenter les petits salaires et pas pour faire la guerre ; ce serait nommer ministre de la Culture des gens qui sachent lire ; ce serait enseigner l'intelligence et non la bêtise à l'école ; ce serait exiger du président de la République qu'il cesse de parler un français de CM2 ; ce serait inaugurer une politique internationale de neutralité qui déplaise aux marchands d'armes ; ce serait élire le président au suffrage universel direct à un seul tour ; ce serait interdire un second mandat à tout chef de l'État ; ce serait congédier les gens de télévision qui font profession d'abrutir les masses ; ce serait estimer qu'un viol est condamnable quelle que soit la couleur de peau du violeur ; ce serait sortir l'idéologie du féminisme pour y remettre les femmes ; ce serait savoir qu'il y a plus de féminisme dans la lutte contre les violences conjugales ou la disparité salariale que dans le féminin d'auteure ou de professeure ; ce serait ne plus avoir le droit de se dire de gauche quand on invite les femmes pauvres à louer leur utérus aux couples riches ; ce serait en finir avec l'effacement des mots pour laisser croire qu'on a effacé la vérité gênante qu'ils recouvrent – plus de handicapés mais des *personnes en situation de handicap*, plus de chômeurs mais des *demandeurs d'emploi*, plus de pauvres mais des *gens vivant sous le seuil de pauvreté*, plus de neige mais un *manteau neigeux* ; ce serait en finir avec les émissions de charité médiatiques qui demandent aux pauvres de financer la recherche pendant que les gouvernements arrosent les marchands de canons ; ce serait mettre la politique au service du peuple et non l'inverse comme dans notre temps où la démocratie n'est plus. Voilà un programme pour des élections présidentielles, non ?

Le retour du peuple

*1er juin 2016**

---

* *Le 1* n° 109 : « La France qui craque ».

Notre époque qui a fait de l'oubli une vertu, de la mémoire une pathologie et de l'histoire une vieille lune, ne sait plus pourquoi un jour une goutte fait déborder le vase. Mais, tout bonnement, parce qu'il y a eu un nombre incalculable de gouttes qui ont rempli le vase pendant des années et qu'il suffit un beau jour d'une seule pour que tout le vase déborde. Il semble que le vase soit en passe de déborder. Pourquoi ?

Parce que la gauche a cessé d'être de gauche en passant le peuple par-dessus bord ; parce que la droite a emboîté le pas à cette gauche de droite pour faire semblant de s'y opposer mais, en fait, pour partager le gâteau avec elle. Dans le sabir de la politologie, le partage du gâteau entre coquins a pour nom la cohabitation ou l'alternance. Passe-moi la rhubarbe de gauche, je t'envoie le séné de droite. Le lendemain, la rhubarbe est de droite et le séné de gauche. Les récentes élections régionales ont mis en pleine lumière la recette de cette cuisine avariée.

En fait, ces faux ennemis, vrais amis, communient dans une même religion : oubli, puis mépris, puis haine du peuple, que des années de traitement médiatique débilitant ont transformé en populace – la populace, c'est le peuple qu'on a dressé à ne plus penser et à aboyer les slogans du catéchisme libéral ; aristocratie des bureaucrates, des experts, des technocrates, des énarques, des diplômés de Sciences Po, des conseillers en communication qui pensent à la place du peuple sous prétexte que celui-ci penserait mal alors qu'on l'a dressé comme un chien à japper ou à remuer la queue aux slogans adéquats.

Depuis Mai 68, le pouvoir est tenu alternativement par la droite libérale et par la gauche libérale. Le changement n'est pas entre cette gauche-là et cette droite-là puisque toutes deux sont libérales de la même manière, mais ce sont cette droite et cette gauche qui, chaque fois, accèdent au pouvoir sans surprise et s'y remplacent. Quand ils risquent de perdre leur jouet, la vérité éclate et l'on voit cette droite-là appeler à voter pour cette gauche-là sous prétexte que ne pas les reconduire, ce serait porter des fascistes et des nazis au pouvoir. La vieille logique du « nous ou le chaos » est l'antienne des médias libéraux depuis plus de trois décennies.

S'il fallait un exemple, un seul : le coup d'État du 8 février 2008, qui a permis au Congrès d'imposer par voie parlementaire le traité européen libéral massivement refusé par le peuple lors du référendum de 2005. Cette classe politique libérale ne pouvait mieux montrer combien elle se moque des avis de ce peuple souverain dont elle décrétait la mort ce jour-là : ce fut alors une jarre d'eau qui fut versée dans le vase.

Cet immense déni de démocratie dispose d'une généalogie : le renoncement de la gauche à être de gauche en 1983, son abandon du socialisme, son incapacité à le réinventer, son renoncement à la souveraineté nationale qui interdisait une politique autonome au profit d'un paradis qui ne vint pas. Si l'on en croyait Mitterrand et le PS, Maastricht, c'était en effet le Graal : disparition du chômage, plein emploi, amitié entre les peuples, prospérité économique, fin des guerres. Qui n'aurait voulu de ce projet ? Il fut ratifié ; il a apporté exactement l'inverse ! En fait, ce programme était l'excipient du suppositoire, sa matière grasse. Le principe actif, c'était, pour parodier Nietzsche, la *libéraline*, cette substance toxique qui, sous couvert et prétexte de liberté pour tous, réactivait la vieille histoire du renard libre dans le poulailler libre.

Comme cette gauche est devenue de droite et qu'il n'y avait plus l'épaisseur d'une feuille de cigarette entre le programme de Giscard 1974 et celui de Mitterrand 1983, il a fallu chercher de quoi distinguer les deux camps. Pour ce faire, Mitterrand n'a pas relu Jaurès ou Blum, il n'a pas non plus sollicité Bourdieu ou Derrida – il aurait pu –, il a demandé à Jacques Séguéla de travailler à un nouvel excipient pour enrober le suppositoire libéral. Il est vrai qu'en matière de philosophie, c'est Jean Guitton, vieux philosophe pétainiste, que le président devenu bigot consultait. Quand ça n'était pas Jünger qu'il allait visiter en Forêt-Noire – Jünger dont la prose belliciste et fasciste servait de confiture aux élèves dans les écoles nazies de l'Allemagne des années trente.

Comme la droite libérale était l'avers de la médaille de ce socialisme libéral, il a fallu créer, comme un fétiche destiné à recevoir les aiguilles, un monstre qu'on allait pouvoir maltraiter. Le même Mitterrand n'a donc pas ménagé son énergie pour créer de toutes pièces le Front national : un bon gros méchant loup sur lequel il fallait désormais ajuster le tir. L'alternative n'était plus entre droite libérale et gauche libérale, mais entre fascisme et démocratie – autrement dit, entre Hitler et Jean Moulin. Jean Moulin, bien sûr, c'était Mitterrand, auréolé de sa Francisque. Mitterrand fut élu deux fois, donc la droite battue deux fois. Le dispositif a marché ; Hollande s'en souvient. Quand la droite libérale est revenue au pouvoir, qu'a-t-elle fait d'autre que la gauche libérale ? Rien. Sinon le style. Mitterrand avait le visage d'un buveur de vinaigre ; Chirac, celui d'un buveur de bière. En dehors de ça, rien...

Les Le Pen sont la bénédiction d'une gauche de droite, parce que agiter cet épouvantail lui permet de casser la dynamique de la droite et ainsi de faire croire qu'elle-même est de gauche. Voilà pourquoi tout est fait par la gauche libérale pour que le FN grimpe : rien pour le peuple que l'on prive de voix, de parole, de dignité – je ne parle même pas de grandeur, un mot qu'ignorent les petits.

Mais ce peuple, aujourd'hui, prend la parole. Balbutiements et bafouillages de Nuit debout qui expose sur les places cette génération Mitterrand 3.0 – une génération perdue. Il en va moins là d'un second Mai 68 que de la pauvre et triste thérapie de groupe d'une famille sans idéal, sans loi, sans père – pour parler le Sigmund. Logorrhée, pétards, bière, groupes de parole, punks à chien, profs de fac déclassés, révolutionnaires en peau de lapin, abonnés à *Libé* avant même que le journal n'existe, c'est une cour des miracles qui ne produit rien d'autre que du Verbe – et quelques crachats. Je suis triste de ce qu'ont intellectuellement produit trois décennies de libéralisme. Pleine des petits-enfants de la pensée Séguéla et de Tapie, qui furent les héros mitterrandiens de la gauche libérale des années quatre-vingt, cette gauche de Joffrin et de Montand, qui vendait une chaîne de la télévision publique à un certain Silvio Berlusconi, a grandement contribué à produire ce nihilisme généralisé. On comprend leur haine contre le médecin qui diagnostique leur pathologie ! Le bilan du mitterrandisme ? La production d'acéphales de gauche. Ils courent comme des poulets auxquels on a coupé le cou… La droite n'a pas plus de tête, qu'on se rassure.

Il y a un autre peuple, moins lunaire, plus tellurique : celui d'un prolétariat dont cette gauche libérale, toute à ses marges sociologiques qu'elle entendait transformer en centre, nous disait qu'il n'existait plus – souvenons-nous de Terra Nova. Ce sont, en avant-garde éclairée, les travailleurs syndiqués de la CGT. Eux savent ce qu'ils veulent et ils veulent bien : ils souhaitent en finir avec le règne obscène de l'argent-roi qui n'existe pas pour les ouvriers mais qui ne fait jamais défaut pour les salaires des grands patrons ; qui est introuvable pour augmenter le SMIC, mais qui coule à flots pour faire des guerres décidées au bon plaisir du prince ; qui manque pour payer les infirmières et les professeurs, les éducateurs et les postiers, mais qu'on trouve toujours pour entretenir le train de l'État.

Ce peuple veut du travail, un salaire pour vivre dignement, une retraite et du temps de repos pour se refaire à la fin de la semaine et au bout de son existence, après une vie occupée par un travail souvent inintéressant, abrutissant, aliénant. Ce peuple veut pouvoir soigner ses maladies et celles de ceux qu'il aime, payer son logement ou les traites de sa maison, acheter ses lunettes ou, l'heure venue, ses prothèses dentaires ou auditives, envoyer ses enfants à l'école sans qu'ils doivent emprunter et commencer leur vie sans emploi à rembourser des dettes. Ce peuple veut la paix et la sécurité dont l'ont désormais privé d'autres renoncements de la gauche libérale sur le terrain international. Ce peuple veut juste du pain sans les jeux ; or, le pouvoir libéral lui donne des jeux sans le pain. Voilà pourquoi une goutte, dite El Khomri, peut faire déborder le vase. Et si ça n'est pas celle-ci, ce sera la suivante – ou celle d'après. Il suffit de regarder le vase…

Le balai de l'apprenti sorcier

*19 janvier 2015**

* *Le 1* n° 40 : « Pourquoi tant de haine ? ».

Deux Français musulmans ont planifié froidement l'assassinat de la fine fleur du dessin satirique français et laissé derrière eux une boucherie sans nom. La France a donné ensuite dans un compassionnel assez dans l'air du temps, parce qu'il fait vendre du papier journal, du temps d'émission médiatique et du bavardage sur les chaînes d'information non stop. Anciens du GIGN ou du RAID, chefs des services politiques et éditorialistes, spécialistes en tout genre, se sont partagé le temps de parole avec l'anonyme qui enfilait les perles convenues : « Rien à voir avec l'islam », « Évitons les amalgames », quand ça n'était pas l'obscène : « Les musulmans sont les premières victimes » !

Le personnel de la classe politique emboîtait le pas à ces sans-nom : désormais, tout le monde s'appelait Charlie :

les curés et les militaires, les rabbins et les imams, les beaufs et les politicards, enfin, tous ceux auxquels *Charlie*, journal qui frisait hier la faillite, bottait l'arrière-train chaque semaine ! Les cloches de Notre-Dame ont sonné pour Cabu, Arrabal a parlé de prix Nobel posthume pour les dessinateurs, quand ça n'était pas de Panthéon pour Charb ! Il faut n'avoir jamais lu *Charlie* pour croire qu'ils auraient souscrit à ces hochets-là. On peut n'avoir envie ni de la compassion qui empêche de penser, ni de la complicité avec ceux qui empêchent qu'on pense à coups de kalachnikov.

Penser, justement, c'est se demander comment on en est arrivé là. Pour ce faire, sortons la tête du guidon et regardons un peu derrière nous : faisons de l'histoire, ce qui est le meilleur remède contre le compassionnel.

Mitterrand a converti la France et les socialistes au libéralisme en 1983. Pour laisser croire à ses électeurs qu'il ne faisait pas la politique de Giscard, libérale, européenne, pourvoyeuse de chômage, donc de paupérisation, donc de délinquance, donc de radicalisations diverses, notamment islamiste, il a instrumentalisé un Front national qui, avant lui, était groupusculaire, jusqu'à faire entrer 35 députés à l'Assemblée nationale en 1986 sous prétexte de proportionnelle. *Le FN, c'est le balai de l'apprenti sorcier...*

Tout ce qui cassait la droite en deux lui était bon pour se maintenir au pouvoir et envisager une réélection – qui a eu lieu. Pour que le FN existe, il fallait deux camps : le bien et le mal, les immigrés et les antiracistes. Deux camps, c'est le début de la fin pour la pensée. C'était pour la gauche libérale l'assurance de pouvoir continuer à se partager le pouvoir avec la droite libérale. Après Mitterrand, Chirac, après Sarkozy, Hollande, pour un même programme : celui de Giscard !

L'Europe de Maastricht, nouveau hochet de Mitterrand, devait apporter le plein-emploi, l'amitié entre les peuples, la fin des guerres ; on a eu le chômage de masse, le communautarisme, la dilution de la république, et, désormais, ce qu'il est convenu de nommer la guerre civile… La fin de la gauche antilibérale diluée dans les postes ministériels du programme commun, puis la chute du mur de Berlin ont laissé les mains libres au marché que gérait la gauche libérale sans problèmes de conscience. Elle le gère toujours de la même manière et joue toujours avec le FN, diable créé et entretenu par ses soins.

Pendant ce temps, la France menait une politique schizophrène : islamophobe au-dehors, islamophile au-dedans. C'est toujours le cas aujourd'hui. Dehors, droite et gauche confondues, la France a bombardé les populations musulmanes d'Afghanistan, d'Irak, de Libye, du Mali sous prétexte de lutter contre le terrorisme qui, *avant les bombardements*, ne nous menaçait pas directement. La plupart des intellectuels ayant pignon sur rue ont soutenu ces guerres – quand ils ne les ont pas voulues ardemment, je songe au terrible rôle de BHL comme figure emblématique de ceux-là. Comment ces guerres répétées contre les musulmans partout sur la planète depuis presque un quart de siècle ne pouvaient-elles pas faire de la France une cible ? Ce qu'elle est devenue aujourd'hui.

Islamophobe au-dehors, la France est islamophile au-dedans. En effet, l'islam en France a été représenté comme n'ayant rien à voir avec l'islam planétaire. C'est méconnaître le sens de l'*oumma* que définit la communauté de la totalité des musulmans sur la planète. C'est aussi faire silence sur la revendication des tueurs de *Charlie* qui se réclament d'Al-Qaïda au Yémen, bien qu'étant français : parce que la communauté, l'*oumma*, fait fi des frontières et des nations. L'islam est une religion déterritorialisée dont le message emprunte les voies d'internet, qui réunit en temps réel ceux qui sont séparés dans le temps et dans l'espace sur la totalité du globe.

Les médias dominants reprennent en chœur, et avec eux la classe politique, l'antienne d'un islam « religion de paix, de tolérance et d'amour ». Il faut n'avoir jamais lu le Coran, les hadiths du prophète et sa biographie pour oser soutenir une chose pareille ! Quiconque renvoyait à ces textes passait pour un littéraliste islamophobe – la parution de mon *Traité d'athéologie*, il y a dix ans, m'a montré l'étendue des dégâts. En même temps que l'inculture de ceux qui s'avèrent moins islamophiles que liberticides !

La gauche libérale et la gauche antilibérale communient dans cette dénégation en laissant le champ libre à Marine Le Pen qui s'engouffre avec joie et, hélas, succès dans ce vide laissé par la dénégation de gauche. Il n'y a pas une différence de nature, mais une différence de degrés entre l'islam pacifique du croyant intégré dans la république qui conduit sa vie bonne en instaurant en principe la fameuse sourate « pas de contrainte en matière de religion » et l'islam de ceux qui s'appuient sur de nombreuses autres sourates du même Coran et qui s'avèrent antisémites, phallocrates, misogynes, homophobes, bellicistes, guerrières, et qui tuent au nom du livre *qui dit aussi* qu'il ne faut pas tuer…

L'impéritie du personnel politique qui n'a plus d'autre perspective que l'accès ou le maintien au pouvoir a désespéré une grande partie des Français. Certains votent sans illusions, certains ne votent plus, certains font semblant, certains souscrivent à des idéologies clés en main, la religion remplit admirablement cette fonction, certains opèrent un repli égocentré. Certains sont également tentés par la violence : Robespierre redevient un modèle pour certains, d'autres attendent avec gourmandise « la révolution qui vient » et elle n'a pas l'air de se vouloir pacifique, d'autres louchent vers Mao ou Lénine, quand ça n'est pas Staline. Et certains font des *fedayin* des années soixante-dix leurs modèles de pensée et d'action. Nous y sommes. Hélas !

Que n'avons-nous aujourd'hui, à gauche, un Chevènement capable, *au-dehors*, de mener une politique proarabe qui ne soit pas anti-israélienne et, *au-dedans*, de conduire une politique clairement laïque qui ne laisse aucun pion se positionner dans une stratégie antirépublicaine sur l'échiquier français.

La grande force des faibles

*22 avril 2015**

---

* *Le 1* n° 53 : « Ces lobbies qui font la loi ».

Lobby : le mot est anglo-saxon, on aura du mal à n'en point convenir, mais la chose est universelle et remonte à la nuit des temps… Le *lobby* nomme le rassemblement des faibles contre les forts afin de leur faire rendre gorge. Il faudrait remonter aux temps de la horde primitive, dont Freud, spécialiste en science-fiction, nous raconte comment les choses s'y passaient comme s'il y avait vécu, vu que les inconscients de cette époque s'étaient selon lui télétransportés de façon phylogénétique jusqu'à lui et qu'il lui suffisait de se pencher sur le sien, qui n'était pas bien profond, pour y puiser matière à universaliser ses fantasmes. Il voyait en extralucide des meurtres du père et des banquets cannibales qui faisaient naître la Loi comme par enchantement. Freud fut un grand enfant qui amuse ceux qui le sont restés.

On peut aussi, et c'est plus sûr, solliciter Darwin sur lequel ledit Freud a pas mal fantasmé, entre deux névroses professionnelles et la sienne. Disons pour aller vite qu'il y a *lobbying* quand deux êtres se liguent pour associer leur force, conjuguer leur ruse, additionner leur puissance, afin d'obtenir d'un groupe plus important et plus fort qu'eux qu'il se soumette à leur désir, à leur volonté, à leur loi. Affaire de testostérone et de marquage du territoire.

Les philosophes du contrat social ont modifié la donne. Quand on parle *contrat social*, le chien de Pavlov salive Rousseau. Mais c'est oublier que le Genevois avait lu le *Léviathan* de Hobbes, qui, lui aussi, connaissait très bien les deux ou trois maximes politiques d'Épicure qui fondent le contractualisme. Pour éviter la violence naturelle, donc la loi de la jungle qui est celle du *lobby*, le contrat permet de renoncer au pouvoir qu'a chacun de nuire à chacun par un pacte issu de la volonté générale – qui n'est pas somme des volontés particulières en tant que telles, mais somme des volontés particulières en tant qu'elles se déterminent en fonction de l'intérêt général. La démocratie est fondée quand la souveraineté se trouve ainsi produite. En régime démocratique, il n'y a pas de place pour le *lobbying*, qui s'apparente alors à la revendication factieuse.

Mais l'établissement de la démocratie n'abolit pas la formidable puissance de la nature qu'explicite si bien l'éthologie, ce serait trop beau ! En régime contractuel, le *lobbying* nomme l'activité de ceux qui, ne reconnaissant pas la logique contractuelle de l'intérêt général, font primer l'intérêt particulier de leur caste, de leur ethnie, de leur religion, de leur province, de leur classe sociale, de leur préférence sexuelle, de leur obsession personnelle : les usagers du rail ou les riverains d'un aéroport, les opposants à un barrage ou les ligues antitabac, la prévention routière ou la lutte anticorrida, les producteurs de calva ou les amateurs de *plug* anal – le goût du *plug* n'excluant ni l'amour du chemin de fer ni la passion pour l'alcool fort…

Les moyens d'action des *lobbies* peuvent être la persuasion et la rhétorique, il s'agit du libre exercice de la démocratie. Ce peuvent être aussi le bakchich et le cadeau, c'est alors le règne de l'oligarchie et de la ploutocratie. Ce peuvent être, enfin, les menaces et le passage à l'acte, nous sommes dès lors en régime mafieux.

Le *lobbying*, c'est la volonté de faire primer l'intérêt particulier contre l'intérêt général quand ce dernier devrait faire la loi : plus le premier se montre fort, plus le second s'avère faible. Notre époque sans État est toute aux *lobbies*. Quand la République agonise, comme en ce moment, le pouvoir est aux meutes sans foi ni loi. Le *lobbying* est le retour de la bête dans un champ démocratique dévasté.

Le corps des travailleurs

*10 juin 2015**

* *Le 1* n° 60 : « Le travail nuit grave ».

L'étymologie de « travail » ne procède pas innocemment de l'instrument de torture avec lequel on entravait jadis l'animal de trait. Il n'est pas non plus sans raison présenté par la mythologie chrétienne comme une damnation consécutive au péché originel. Aristote justifiait l'esclavage clairement ; Platon avec des finasseries ; les penseurs chrétiens ont fait de même pendant des siècles en rappelant que si Adam n'avait pas goûté du fruit défendu, nous n'en serions pas là ; Marx n'a jamais voulu abolir le travail, mais le parfumer à l'eau de rose communiste ; Stakhanov a même dit qu'il était un sport socialiste haut de gamme ; Hitler affirmait à l'entrée des camps de la mort que le travail rend libre : ses intellectuels lui avaient pêché l'idée dans les *Principes de la philosophie du droit* de Hegel qui n'était pas sans avoir lu Kant ; Pétain trouvait qu'avec la Famille et la Patrie, c'était une excellente chose. Il n'y a eu que le gendre de Marx, Paul Lafargue, pour publier un magnifique *Droit à la paresse* afin de faire rendre gorge à cette religion du travail.

Le travail, quand il a été analysé, l'a rarement été dans sa relation au corps du travailleur : punition ontologique, nécessité de la production, obligation de nourrir la caste des prêtres, des guerriers et des rois, libération de l'homme, réalisation du dessein de Dieu, moteur de la technique, les analyses oublient toujours le corps du prolétaire, le corps du travailleur, le corps de l'ouvrier, le corps de l'artisan.

De ce corps-là, il n'a jamais été question dans les livres que j'ai lus, même s'ils parlaient en faveur du prolétariat. La philosophie dominante excelle dans l'art de la prestidigitation : comme le magicien fait sortir le lapin du chapeau, le philosophe fait disparaître le corps du travailleur dans la tombe où le labeur le conduit plus rapidement que celui de l'oisif.

En revanche, ce corps-là, je l'ai connu avant même de savoir lire : c'était le corps de mon père, ouvrier agricole. Il avait neuf doigts : le dixième s'était trouvé écrasé par le timon d'un chartil le jour qu'un cheval emballé avait fini sa course dans un mur. J'ai connu les mains de Picasso ou de Léger avant de savoir à quoi elles ressemblaient chez ces peintres : c'étaient les siennes, larges comme des battoirs, fortes, épaisses, rudes, pas faites pour les caresses mais pour tenir la pelle et la fourche, la pioche et la bêche – pour ouvrir et fermer le couteau qui signalait le début et la fin du repas aussi… C'étaient des outils qui maniaient des outils. Ces mains-là, ce sont aussi celles de mon petit frère qui travaille aujourd'hui à l'entretien du gros matériel dans une carrière de graviers.

Ces mains montrent que le travail fabrique un corps. Quand j'ai travaillé dans une fromagerie, adolescent, un ouvrier qui faisait le même geste depuis des années avait développé une physionomie particulière : il faisait saillir en riant un muscle du haut de son avant-bras que je n'ai vu que chez lui, une excroissance fabriquée par le travail.

Le travail manuel use les corps des hommes et des femmes, abîme les dos, casse les reins, tasse les vertèbres, courbe l'échine, tord les os ; il atteint l'âme, il cisaille les cœurs. Un jour, il exige des médicaments, des antalgiques, des anxiolytiques, des antidépresseurs, des somnifères, des psychotropes, des drogues, de l'alcool.

Depuis peu, ceux qui organisent l'enfer du capitalisme sont eux aussi touchés, les pauvres chéris : on parle alors de *burn out*. Le *burn out*, c'est, *bien souvent*, l'ancien accident du travail, mais quand il arrive à ceux qui causent les accidents du travail des autres. Quand un paysan ruiné se pend, c'est un suicide ; quand c'est son banquier qui l'a ruiné et déprime, mais ne se pend pas, c'est un *burn out*. C'est pas très romain ; normal : c'est contemporain.

Le bonnet rouge ou la corde

*2 septembre 2015**

* *Le 1* n° 72 : « Paysans, la grande dépression ».

Une malédiction pèse sur les paysans : depuis que Louis XIV a fait de Versailles le centre du pouvoir français, le citadin croit que la province est remplie de ploucs, de péquenots, de paysans, de bouseux, de cul-terreux qui ne savent pas lire. Vu par les urbains, le fermier se trouve à peine distingué de ses vaches ou de ses cochons.

Depuis que Robespierre, dictateur jacobin, a trouvé excellente cette idée royale d'un centre politique concentré dans la capitale, avec lui au centre du centre, et une périphérie remplie d'illettrés qui n'ont point lu Rousseau, quiconque en province dit non au pouvoir central passe pour un dangereux contre-révolutionnaire complotiste, ami de l'étranger et antipatriote. La gauche n'aime pas le bonnet rouge !

Depuis que le prétendu *socialisme scientifique* de Marx a tout fait pour obtenir le leadership européen, y compris bourrer les urnes lors des congrès de l'Internationale, et qu'il a célébré « l'avant-garde éclairée du prolétariat » (pour le dire autrement : l'ouvrier qui a sa carte au parti…), on peut sans complexe mépriser les paysans et les transformer en petits propriétaires égoïstes, incapables d'intérêt général, génétiquement capitalistes et contre-révolutionnaires viscéraux.

Depuis qu'Emmanuel Berl, écrivain juif et normalien, apparenté aux Proust et aux Bergson, parisien jusqu'au bout des ongles, a un jour écrit « La terre, elle, ne ment pas », et ce pour un discours prononcé par le maréchal Pétain, on ne peut plus faire l'éloge des paysans sans passer pour un vichyste, un pétainiste, donc un nazi, donc un ami intime d'Adolf Hitler, donc un partisan des chambres à gaz…

Depuis que le camarade Staline, bon lecteur de Lénine qui avait lu Marx qui connaissait bien Robespierre qui louchait vers Louis XIV, a estimé que les paysans étaient en effet des rebelles qui refusaient de donner leurs terres au Parti et qu'il en a affamé plus de cinq millions qui sont morts de faim en Ukraine, il vaut mieux être un ouvrier des villes qu'un ouvrier des champs dans les pays où le marxisme fait la loi.

Depuis que Jean Ferrat a fait du Bourdieu avant Bourdieu en racontant l'exode rural de ceux qui, par amour du Formica et du ciné, ont quitté un à un le pays pour s'en aller gagner leur vie loin de la terre où ils sont nés, le néorural qui vit trois semaines par an dans une maison retapée en Lozère prend le vieux paysan taiseux soit, meilleure hypothèse, pour un charmant fossile, soit, pire hypothèse, pour un crétin demeuré – puis il le photographie sur son iPhone et poste le cliché sur son compte Twitter.

Depuis que les bobos mangent bio ce qu'ils ne cultivent pas et accablent les paysans en les traitant de pollueurs et de tueurs, on s'interdit une compassion pourtant méritée parce que, comme l'ouvrier prolétarisé, ils sont contraints par le marché à massacrer les sous-sols afin de produire ce qui ne leur permet pas toujours pour autant de tirer un salaire de leur travail.

Depuis que la gauche, qui ignore la différence entre une vache amouillante, un téteux, une génisse, une taure, demande à ses énarques de gérer le parc agricole français en laissant croire qu'on peut agir en leur faveur dans la dictature d'un régime libéral européen qui a décidé de l'industrialisation de la paysannerie, on la transforme en *lumpenproletariat*.

Depuis que la droite laisse croire aux paysans qu'elle est avec eux, alors qu'à Bruxelles elle travaille depuis un quart de siècle avec la gauche à la fonctionnarisation de cette profession et qu'elle assassine ceux qu'elle ne subventionne pas, il se pend tous les deux jours un paysan dans l'indifférence médiatique la plus absolue.

Pauvres paysans qui n'ont plus le choix qu'entre le bonnet rouge et la corde.

Le devenir jungle de la planète

*2 décembre 2015**

* *Le 1* n° 85 : « Faut-il sacrifier nos libertés ? ».

Je rentre d'un voyage où j'ai donné des conférences au Chili, au Brésil et en Guyane. À Valparaíso, à Belém, à Cayenne, terre française, on m'a demandé de ne pas sortir le soir, on m'a interdit formellement certains quartiers, sous peine de me faire dépouiller, mais aussi de me faire tuer. Chacun de mes correspondants français y est allé de ses histoires. J'avais en d'autres temps rencontré le même discours en Colombie, en Argentine et dans de nombreux pays d'Afrique. Les pays qui, jadis, étaient des États de droit se rétrécissent comme peau de chagrin. La France elle-même…

La sécurité est un droit de l'homme, peut-être même le seul. Car, sans sécurité, il n'y a ni liberté, ni égalité, ni fraternité. Juste la peur. La peur, la crainte, l'angoisse, la terreur. La liberté disparaît quand on craint de la payer d'un coup de couteau dans le ventre, de coups et blessures, voire d'une balle dans la tête. Libre de quoi faire ? Pour aller où ? Et faire quoi ? Avec qui ?

L'égalité s'envole face à celui qui vous menace d'un calibre : il vous domine, il le sait, et il a compris qu'il peut ainsi dominer les dominants. Égalité avec qui ? Celui qui peut ôter la vie d'un homme l'écrase absolument et sait qu'il est le roi du monde. Pourquoi s'en priver s'il ne risque rien ?

Fraternité ? Qui est le frère de qui dans un monde où l'on est prêt à tout pour un portable, un bijou en or, une montre, un appareil photo, des gadgets qui valent plus cher que la vie d'un homme ?

Le devenir jungle de la planète est en train de couvrir tous les pays où la loi et le droit ont fondu comme neige au soleil pour faire place à la loi du plus fort, dont les corollaires sont la loi de la jungle et sa réponse décérébrée : la loi du talion.

La sécurité (il faudra en parler à la gauche), c'est ce qui rend possible la liberté, l'égalité, la fraternité (il faudra en parler à la droite). Jadis, la gauche défendait la liberté, fût-ce au prix de la sécurité ; quant à la droite, elle défendait la sécurité, fût-ce au prix de la liberté. Or il faut un équilibre : assez de liberté pour que la sécurité soit légère ; assez de sécurité pour que la liberté ne soit pas en péril. L'action montrant souvent l'excès de l'une ou l'excès de l'autre.

Je remarque que tous ceux qui sont pour la liberté et contre la sécurité se précipitent au commissariat dès qu'on leur a volé leur nain de jardin. Preuve que les principes, c'est bien, mais que le réalisme, c'est mieux. La sécurité, c'est mieux de façon préventive… Sans elle, les ruines sont toujours certaines.

Hobbes est le seul philosophe qui ait pensé la question de la peur en politique. Il décrivait l'état de nature comme un état dans lequel l'homme est un loup pour l'homme ; il invitait au renoncement à son propre pouvoir de nuire pour constituer un contrat qui rendait possible un État protecteur. Je renonce à mon pouvoir de nuire, une liberté, et, en retour, l'État me protège et m'offre la sécurité.

Le philosophe anglais ajoutait que quand l'État ne faisait pas le travail pour lequel on l'avait mandaté en renonçant, nous recouvrions nos droits d'agir, y compris contre lui. Il semble que l'État a failli : il ne nous protège plus, quand il ne nous expose pas par son impéritie réitérée… Autrement dit : nous n'avons le choix qu'entre la jungle dont nous venons et celle dans laquelle nous sommes revenus. Il y a matière à se demander s'il a bien existé un jour un contrat ailleurs que dans le cerveau des philosophes…

La logique des gonades

*6 avril 2016**

* *Le 1* n° 101 : « Attentats, comment vivre avec ».

Notre époque n'aime ni l'intelligence ni la raison, elle chérit le slogan et le lieu commun, elle n'apprécie pas du tout l'analyse et la réflexion, elle adore l'obéissance et la soumission, elle refuse la généalogie et la causalité, elle se vautre dans la pensée magique et l'incantation compassionnelle.

Nous vivrons avec le terrorisme tant que nous produirons les causes qui le déterminent. Chercher les causes n'est pas excuser, mais comprendre ; ça n'est pas légitimer, mais faire acte d'intelligence. L'intelligence est la faculté qui permet de mettre en relation les choses qui ne semblent pas liées *a priori*. Pour l'exercer, il faut de la mémoire et le goût de l'histoire, le sens de la longue durée et celui de l'enquête, autrement dit, l'usage de vertus perdues dans un monde qui ne célèbre que l'instant et le fugace, le présent et le bruit de fond médiatique.

Tant que, partout sur la planète, la France continuera de mener la politique impérialiste américaine dans des pays musulmans que nous détruisons sous prétexte de les construire, que nous pulvérisons sous couvert de les conduire vers la démocratie, que nous réduisons en cendres en affirmant agir au nom des droits de l'homme, alors nous aurons la réponse du berger à la bergère : celle de la *petite guerre* théorisée par Clausewitz, la guérilla, contre la *grande guerre* pensée par le même, l'armada.

Dès lors, tant que nous nous ferons les gendarmes du monde de manière sélective (l'Afghanistan mais pas l'Arabie saoudite, le Mali mais pas le Qatar, la Syrie mais pas la Turquie, la Libye mais pas le Pakistan), nous aurons la riposte sur le mode terroriste des guerriers de l'État islamique postés sur le territoire européen.

Comment vivrons-nous avec cette guerre civile – puisque la guerre civile oppose dans un même pays des citoyens séparés par deux visions du monde différentes ? Il y aura cette guerre, et les pouvoirs en place feront tout ce que fait celui qui gouverne actuellement : rodomontades, mais impuissance ; mouvements de menton, mais persistance du mal.

Le président, mâchoire serrée, dira sa compassion pour les victimes et annoncera dans la foulée que ce crime barbare (il y en aurait de civilisés ?) et lâche (il y en aurait de courageux ?) ne restera pas impuni, car la démocratie triomphera toujours du terrorisme. Le Premier ministre passera derrière et recyclera les mêmes éléments de langage. Le citoyen rêvé par les médias allumera une bougie, se peinturlurera sur les deux joues les couleurs du drapeau du pays concerné par l'acte terroriste du jour, déposera une peluche au pied d'un monument emblématique. Le personnel politique en place dira : tout va bien ; le personnel politique qui fut en place et veut être en place après celui qui est en place dira : rien ne va plus. Les journalistes inviteront sur leurs plateaux les gens précités qui ressasseront leurs discours : le crime ne restera pas impuni, la démocratie triomphera ; mais le crime restera impuni et la démocratie ne triomphera pas. Le citoyen dira qu'en offrant son ours en peluche il a conjuré le sort ; or le sort n'aura pas été conjuré. Le personnel politique en place dira que tout va bien ; alors que rien n'ira bien. Celui qui convoite sa place dira que ça ne va plus ; mais il fera comme celui qu'il critique quand il prendra sa place – puisque tout ce monde-là communie dans la même dévotion et chérit les causes dont il déplore les effets.

Car ce qui est en jeu, c'est la guerre : tous la déplorent quand il s'agit de guerres passées – la Première Guerre mondiale, la Deuxième, les conflits coloniaux –, mais tous la chérissent quand il s'agit de guerres contemporaines. Quelles voix se font entendre pour la paix ? Qui pense en fonction de cet objectif ? Qui se donne les moyens d'envisager la sortie de la guerre sans se soumettre ou se démettre ?

Parce que je suis de gauche, je suis pacifiste. C'est-à-dire que je préfère la raison à la testostérone. Tant que nous nous soumettrons à la logique des gonades, nous aurons la peur puis le sang, le sang puis la peur. La vendetta n'exige pas plus que le cerveau d'un enfant de six ans.

Propaganda

*23 novembre 2016**

* *Le 1* n° 131 : « Qui contrôle les médias ? ».

La presse n'est pas libre, ne l'a jamais été et ne le sera jamais : elle est subjective, idéologique et de parti pris. Elle défend une ligne qui est le Bien, puis elle attaque tout ce qui n'est pas cette ligne et le transforme en Mal.

Il existe une presse qui abat les cartes et fait savoir qu'elle est militante : par exemple, à gauche, *L'Humanité* ou *Politis*, et *Rivarol* ou *Présent* à l'extrême droite, la vraie – celle qui a des trémolos dans la voix quand elle parle de Vichy, de Pétain, de l'Algérie française et de l'OAS, celle aussi qui a le verbe haineux quand elle parle des Juifs. Comme dans le missel pour le catholique, on sait qu'en la lisant on se retrouvera chez soi : une nostalgie de Robespierre et de son gouvernement révolutionnaire bien affilé chez les premiers, un regret de Bastien-Thiry et de son projet de tuer l'homme du 18 Juin chez les seconds. Cette presse dit *sa* vérité, elle prétend toujours qu'il s'agit de *la* vérité, mais, finalement, c'est la vérité de la tribu et rien d'autre. Or une vérité de tribu est une opinion.

Cette presse d'opinion a le mérite de ne pas avancer masquée. On sait qui elle est. Ce qui n'est pas le cas de la presque totalité des autres titres de la presse d'information, qui ajoutent la dissimulation au parti pris. De droite comme de gauche, ils font tous la propagande de l'idéologie dominante en prétendant dire le vrai sous couvert de compétence économique : celle de l'Europe libérale.

Cette Europe organise autocratiquement le libéralisme, un comble en même temps qu'un paradoxe, de façon à ce que les marchés (la fameuse « concurrence libre et non faussée »...) décident pour le peuple de son destin. Depuis Maastricht, cette idéologie est à la France ce que le marxisme-léninisme était à l'Union soviétique : l'unique horizon indépassable pour réaliser l'avenir radieux et son homme nouveau – bobo, cosmopolite, polyglotte, nomade, riche, consumériste.

Quiconque refuse ce programme passe dans cette presse libérale pour un lepéniste haineux, un nationaliste belliciste, un monolingue limité, un provincial demeuré, un salaud de pauvre sous-diplômé.

Ce faisant, en méprisant quiconque ne pense pas comme elle à longueur de colonne, cette presse engrosse le parti de Marine Le Pen dont le bureau de recrutement ne désemplit pas. En même temps, elle se fait haïr par ceux qui ne l'achètent plus, car ils sont de moins en moins dupes de sa propagande.

La presse est un pouvoir sans contre-pouvoir. Du moins, sans autre contre-pouvoir que les réseaux sociaux, qui s'avèrent, hélas, trop souvent des réseaux asociaux dans lesquels, anonymat et pseudonymes aidant, on trouve le meilleur et le pire.

Pourquoi la presse majoritaire est-elle libérale bien qu'elle touche 400 millions par an d'aides de l'État (détail édifiant dans le rapport de la Cour des comptes,

« Les aides de l'État à la presse écrite », du 18 septembre 2013) – aides sans lesquelles elle ne pourrait pas vivre ?

Parce que l'argent fait la loi ; l'argent, donc les annonceurs. Le contribuable finance *Libération* ou *Le Figaro* et n'a rien à dire ; mais l'annonceur n'investit que dans la mesure où il s'assure d'un retour sur investissement. Il lui faut donc un support qui offre du temps de cerveau disponible.

Avec nombre de titres, le cerveau est disponible. Très disponible. Pas besoin de cortex, le cerveau reptilien suffit : oui/non, bien/mal, beau/laid, droite/gauche. Comme à la caserne. Ceux qui ne marchent pas ? La raclée… La presse étant une juridiction d'exception, les passages à tabac médiatiques sont classés sans suite. Raison d'État, police des mœurs, secret-défense…

La France à bas bruit

février 2015 *

* Hors-série « Les génies de la Bourgogne ».

Le village s'appelle La Chapelle-sous-Uchon. Le cuisinier, il ne s'agit pas d'un chef, ce mot sent trop la caserne, a pour nom Éric Meunier. Il travaille avec sa femme Pascale, discrète et efficace, présente et active. Leur restaurant s'appelle *L'Auberge de la Grousse* en Saône-et-Loire. Depuis des années, une bande de copains a restauré un four pour y cuire un pain dont, avant eux, seuls les anciens connaissaient le goût. Les jours de fête, des merveilles aux fumets capiteux cuisent dans des marmites géantes. La dernière fois, des joues de porc au cidre… Le vin de Bourgogne arrose tout cela, un blanc minéral, un rouge de fruits des bois. Nous ne nous connaissions pas, mais Éric m'a un jour contacté parce qu'il aimait ce que j'avais créé à Argentan, dans l'Orne : une Université populaire du goût qui permettait, autour de la table, de célébrer les cinq sens, car il n'y a pas de connaissance sans les sens – leçon de sagesse élémentaire mais, parce que élémentaire, récusée par la majorité des philosophes institutionnels… Une Université populaire du goût est un lieu dans lequel on partage la nourriture, le pain, le vin, le fromage, mais aussi la peinture, la littérature, la pensée, la musique, le débat. Il s'agit de voir, goûter, sentir, entendre, toucher… Diderot disait qu'il n'y avait qu'un seul sens, le toucher, diversement modifié – autrement dit, que nous touchions avec les yeux, avec les oreilles, avec le nez, avec les doigts, avec la langue, du moins, avec les terminaisons nerveuses de tous ces organes. Le fumet d'un plat, les fragrances d'un vin, la conversation avec des amis qui sont des voisins ou des voisins qui deviennent des amis, prédisposent à l'exercice des cinq sens. Assister, comme ce fut le cas à Argentan, à des concerts de musique indienne, à des performances picturales, à des démonstrations culinaires de grands chefs, à des débats avec des romanciers, à des représentations théâtrales, à des lectures, à des dégustations commentées de vins ou de champagnes, de fromages ou de cigares, c'était convier le corps à penser via des perceptions, des sensations, des émotions.

Sans qu'il le sache, le public était impliqué dans un cérémonial philosophique qu'on appelle, dans les mots de la tribu, *sensualiste*. La philosophie sensualiste, qui est aussi pragmatique, utilitariste, matérialiste, ne se trouve qualifiée que par des mots dépréciés dans la langue commune. Chacun de ces mots a en effet deux sens, l'un qui relève du lignage philosophique qui prend le corps en considération, l'autre qui ressortit du vocabulaire courant et qui, ça n'est pas un hasard, se trouve déprécié : un matérialiste, quand il s'agit d'un philosophe, affirme qu'il n'y a pas d'autre réalité que matérielle ; dans l'acception vulgaire, ce mot qualifie celui qui court après la trivialité des choses… L'Université populaire du goût est donc un banquet philosophique dans lequel la plupart savent qu'il s'agit d'un banquet, mais pas forcément qu'il est philosophique – car il réconcilie chacun avec la totalité d'un corps abîmé par deux millénaires d'un christianisme fâché avec la chair ! Ce corps préparé à sentir le monde s'avère ainsi prêt à saisir le monde. Il suffit de la pichenette d'une rencontre, ce que permettent ces banquets. Quand Éric Meunier m'a sollicité, il m'a raconté ce qu'il faisait et m'a dit qu'il aimerait faire une Université populaire du goût dans son village bourguignon : je lui ai répondu qu'il n'avait pas à la faire puisqu'elle était déjà faite – c'est ce qu'il faisait en effet depuis longtemps avec ses amis !

Je suis venu dans cette région magnifique. Il m'a présenté ses amis qui sont devenus les miens ; je lui ai présenté les miens qui sont devenus les siens. Il y a là des trognes, des caractères, des tempéraments, des figures.

C'est ici qu'à bas bruit se dit la France, dans ses régions, avec ses âmes pétries avec la terre des ancêtres. Il y a là de nouveaux arrivants venus des Pays-Bas, ils sont de cette région : contre le régionalisme identitaire et nationaliste, il faut promouvoir un régionalisme libertaire et déterritorialisé. On n'est pas d'une région, ou d'un pays, par son arbre généalogique, mais par sa passion pour le paysage et ceux qui l'habitent...

Fausse égalité, vraie injustice

*25 janvier 2017**

* *Le 1* n° 139, « Revenu universel, kezaco ? ».

Le revenu universel, faussement présenté comme égalitaire, procède de notre soumission aux dogmes de la religion égalitariste – qui s'avère si souvent inégalitaire... Nous vivons sur une conception erronée de l'égalité après que le désir légitime de la réaliser en 1789 a généré avec les Jacobins de 1793 une religion égalitariste qui suppose que les hommes, bien sûr égaux en droit, devraient l'être également en talent.

L'humanité n'est pas faite de concepts interchangeables et de tailles égales, l'Homme, mais de subjectivités radicalement dissemblables, les hommes – au sens *les humains*. On ne donne jamais rien à l'Homme, parce qu'il n'existe pas. L'Homme, Diogène l'a cherché avec sa lanterne, il ne l'a jamais trouvé. On ne peut donner qu'aux hommes, à des hommes, à tel ou tel homme. L'argent donné à l'Homme est monnaie de singe introuvable ; l'argent donné aux hommes est monnaie sonnante et trébuchante.

Or, parmi les hommes, certains ont trop et d'autres trop peu. Donner un même revenu à tous, sous prétexte que nous sommes égaux en droit, est une vue de l'esprit. Car une somme d'argent est certes objective, cent euros pour madame Betancourt sont aussi cent euros pour le travailleur smicard qui ramasse ses poubelles, mais dans la configuration subjective de leurs pouvoirs d'achat respectifs, la même somme est rien du tout pour la première et beaucoup pour le second.

Mais, du point de vue de la justice, à quoi rime le fait de donner au riche qui a déjà tant et autant au pauvre qui n'a rien ? Car on ne donne rien d'autre au premier qu'un grain de sable dans le désert dont il est le propriétaire alors qu'on pourrait donner beaucoup plus au second, une parcelle de ce désert immense, en lui destinant ce qu'on a distribué à ceux qui ont déjà tout.

Je tiens que le revenu ne doit pas être universel mais particulier, qu'il ne doit pas obéir à une fausse conception de l'égalité, transcendantale et livresque, mais à une égalité concrète, immanente et tangible.

Qu'on ne donne rien au riche pendant que sa part ira dans la poche du pauvre (ouvriers, paysans, employés, smicards, chômeurs, jeunes en formation, étudiants, femmes seules, mères célibataires, veufs et veuves, handicapés, victimes du terrorisme, accidentés de la route, malades en longue durée, ils ne manquent hélas pas...), voilà qui désigne un cap de gauche. L'égalité, quand elle obéit aux lois religieuses de l'égalitarisme, génère l'injustice : car on donne l'équivalent de rien à celui qui a tout et trop peu à celui qui n'a rien alors qu'on pourrait lui donner plus. Cette fausse égalité est une véritable injustice.

Il faut donc moins penser en termes d'égalité qu'en termes d'équité. Car l'équité définit l'égalité dans la justice – donc dans la justesse. D'un point de vue égalitariste, donner autant à madame Betancourt (à qui je demande pardon à l'avance de cette intégration dans mon dispositif casuistique…) et à la personne qui vide ses poubelles est juste ; mais d'un point de vue de l'équité, je trouve injuste qu'on ne donne pas plus à celui qui le mérite pour s'extraire de la pauvreté.

Le riche qui a tout n'a rien de plus avec une allocation dérisoire pour lui. Dès lors, on ne commet pas d'injustice en ne lui donnant pas plus. Pendant ce temps, le pauvre a plus s'il partage avec ses semblables les sommes non versées à ceux qui n'en ont pas besoin.

Mieux : on ne commet pas d'injustice avec une répartition qui évite de donner à ceux qui ont ; et on augmente la justice en faisant du pauvre une personne qui le sera d'autant moins qu'elle aura bénéficié d'une somme devenue plus grande.

Quand Manuel Valls parle d'un « revenu décent », il incarne l'*équité juste* pendant que Benoît Hamon, avec son « revenu universel », prend le parti de l'*égalité injuste*. Pour une fois qu'il m'est permis de saluer une idée de l'ancien Premier ministre…

Table des matières

Chez le même éditeur (extrait)

Isabelle Albert, *Le trader et l'intellectuel. La fin d'une exception française*

Jean Claude Ameisen, avec Nicolas Truong, *Les chants mêlés de la Terre et de l'Humanité.* Illustrations de Pascal Lemaître

Alain Badiou, *D'un désastre obscur. Droit, État, politique*

Laurent Bazin, Pierre-Henri Tavoillot, *Tous paranos ? Pourquoi nous aimons tant les complots…*

Guy Bedos, Albert Jacquard, *La rue éclabousse*

Guy Bedos, avec Gilles Vanderpooten, *J'ai fait un rêve*

Philippe J. Bernard, Thierry Gaudin, Susan George, Stéphane Hessel, André Orléan, *Pour une société meilleure !*

Lucien Bianco, *La révolution fourvoyée. Parcours dans la Chine du XX*e *siècle*

Laurent Bibard, *Terrorisme et féminisme*
Régis Bigot, *Fins de mois difficiles pour les classes moyennes*
Jean Blaise, Jean Viard, avec Stéphane Paoli, *Remettre le poireau à l'endroit*
Guy Burgel, *Questions urbaines*
Laurent Chamontin, *L'empire sans limites. Pouvoir et société dans le monde russe*
Bernard Chevassus-au-Louis, *La biodiversité, c'est maintenant*
Pierre Clastres, *Archéologie de la violence. La guerre dans les sociétés primitives*
Daniel Cohn-Bendit, avec Jean Viard et Stéphane Paoli, *Forget 68*
Pierre Conesa, *Guide du paradis. Publicité comparée des Au-delà*
Boris Cyrulnik, *La petite sirène de Copenhague*
Boris Cyrulnik, Edgar Morin, *Dialogue sur la nature humaine* (existe en version illustrée par Pascal Lemaître)
Caroline Dayer, *Sous les pavés, le genre*
Caroline Dayer, *Le pouvoir de l'injure*
Jean-Baptiste Decherf, *Le grand homme et son pouvoir*
Antoine Delestre, Clara Lévy, *L'esprit du totalitarisme*
Christine Delory-Momberger, François Durpaire, Béatrice Mabilon-Bonfils (dir.), *Lettre ouverte contre l'instrumentalisation politique de la laïcité*
François Desnoyers, Élise Moreau, *Tout beau, tout bio ?*
François Dessy, *Roland Dumas, le virtuose diplomate*
François Dessy, *Jacques Vergès, l'ultime plaidoyer*

Toumi Djaïdja, avec Adil Jazouli, *La Marche pour l'Égalité*
François Durpaire, Béatrice Mabilon-Bonfils, *Fatima moins bien notée que Marianne… L'islam et l'école de la République*
Victor Eock, avec Nicolas Balu, *La rage de survivre*
Yassine Essid, *La face cachée de l'islamisation. La banque islamique*
Bruno Étienne, *Une grenade entrouverte*
Thomas Flichy de La Neuville, *L'Iran au-delà de l'islamisme*
Thomas Flichy de La Neuville, Olivier Hanne, *L'endettement ou le crépuscule des peuples*
Thomas Flichy de La Neuville, *Les grandes migrations ne détruisent que les cités mortes*
Mathieu Flonneau, Jean-Pierre Orfeuil, *Vive la route ! Vive la République !*
Jérôme Fourquet, *Karim vote à gauche et son voisin vote FN*
Jérôme Fourquet, Sylvain Manternach, *L'an prochain à Jérusalem ? Les Juifs de France face à l'antisémitisme*
Jérôme Fourquet, *Accueil ou submersion ? Regards européens sur la crise des migrants*
Jérôme Fourquet, *La nouvelle question corse*
Tarik Ghezali, *Un rêve algérien*
Hervé Glevarec, *La culture à l'ère de la diversité. Essai critique, trente ans après La Distinction*
Martin Gray, avec Mélanie Loisel, *Ma vie en partage*
Michaël Guet, *Dosta ! Voir les Roms autrement*
Félix Guattari, *Lignes de fuite. Pour un autre monde de possibles*
Claude Hagège, *Parler, c'est tricoter*

Françoise Héritier, avec Caroline Broué, *L'identique et le différent*
Stéphane Hessel, évocations avec Pascal Lemaître, *Dessine-moi un Homme*
Stéphane Hessel, avec Gilles Vanderpooten, *Engagez-vous !*
Stéphane Hessel, avec Edgar Morin et Nicolas Truong, *Ma philosophie*
François Hollande, Edgar Morin, avec Nicolas Truong, *Dialogue sur la politique, la gauche et la crise*
François Jost, *Pour une éthique des médias*
François Jost, Denis Muzet, *Le téléprésident. Essai sur un pouvoir médiatique*
Jean-François Kahn, avec Françoise Siri, *Réflexion sur mon échec*
Marietta Karamanli, *La Grèce, victime ou responsable ?*
Dina Khapaeva, *Portrait critique de la Russie*
Denis Lafay (dir.), *Une époque formidable*
Hervé Le Bras, *Le sol et le sang*
Soazig Le Nevé, Bernard Toulemonde, *Et si on tuait le mammouth ?*
Franck Lirzin, *Marseille. Itinéraire d'une rebelle*
Béatrice Mabilon-Bonfils, Geneviève Zoïa, *La laïcité au risque de l'Autre*
Noël Mamère, avec Stéphanie Bonnefille, *Les mots verts*
Virginie Martin, *Ce monde qui nous échappe*
Virginie Martin, Marie-Cécile Naves, *Talents gâchés. Le coût social et économique des discriminations liées à l'origine*
Gregor Mathias, *Les guerres africaines de François Hollande*

Dominique Méda, *Travail: la révolution nécessaire*
Éric Meyer, *Cent drôles d'oiseaux de la forêt chinoise*
Éric Meyer, Laurent Zylberman, *Tibet, dernier cri*
Danielle Mitterrand, avec Gilles Vanderpooten, *Ce que je n'accepte pas*
Edgar Morin, Patrick Singaïny, *Avant, pendant, après le 11 janvier*
Janine Mossuz-Lavau, *Pour qui nous prend-on ? Les « sottises » de nos politiques*
Manuel Musallam, avec Jean Claude Petit, *Curé à Gaza*
Denis Muzet (dir.), *La France des illusions perdues*
Thi Minh-Hoang Ngo, *Doit-on avoir peur de la Chine ?*
Pascal Noblet, *Pourquoi les SDF restent dans la rue*
Yves Paccalet, avec Gilles Vanderpooten, *Partageons ! L'utopie ou la guerre*
Jéromine Pasteur, avec Gilles Vanderpooten, *La vie est un chemin qui a du cœur*
Serge Paugam, *Vivre ensemble dans un monde incertain*
Jérôme Pellissier, *Le temps ne fait rien à l'affaire…*
Edgard Pisani, *Mes mots. Pistes à réflexion*
Sandrine Prévot, *Inde. Comprendre la culture des castes*
Pun Ngai, *Made in China. Vivre avec les ouvrières chinoises*
Pierre Rabhi, *La part du colibri* (existe en version illustrée par Pascal Lemaître)
Dominique de Rambures, *Chine : le grand écart. Modèle de développement chinois*
Dominique de Rambures, *La Chine, une transition à haut risque*

Hubert Ripoll, *Mémoire de « là-bas ». Une psychanalyse de l'exil*
Laurence Roulleau-Berger, *Désoccidentaliser la sociologie*
Olivier Roy, avec Nicolas Truong, *La peur de l'islam*
Marlène Schiappa, *Où sont les violeurs ?*
Céline Schoen, *Parents de djihadiste*
Youssef Seddik, *Le grand malentendu. L'Occident face au Coran*
Youssef Seddik, *Nous n'avons jamais lu le Coran*
Youssef Seddik, avec Gilles Vanderpooten, *Tunisie. La révolution inachevée*
Ioulia Shukan, *Génération Maïdan. Vivre la crise ukrainienne*
Mariette Sineau, *La force du nombre*
Philippe Starck, avec Gilles Vanderpooten, *Impression d'Ailleurs*
Benjamin Stora, avec Thierry Leclère, *La guerre des mémoires. La France face à son passé colonial*, suivi de *Algérie 1954*
Philippe Subra, *Zones À Défendre*
Didier Tabuteau, *Dis, c'était quoi la Sécu ?*
Pierre-Henri Tavoillot, *Faire ou ne pas faire son âge*
Nicolas Truong (dir.), *Résistances intellectuelles*
Nicolas Truong (dir.), *Penser le 11 janvier*
Nicolas Truong (dir.), *Résister à la terreur*
Nicolas Truong (dir.), *Le crépuscule des intellectuels français*
Gilles Vanderpooten, Christiane Hessel (dir.), *Stéphane Hessel, irrésistible optimiste*
Christian Vélot, *OGM : un choix de société*
Pierre Veltz, *Paris, France, monde*

Jean Viard, avec José Lenzini, *Quand la Méditerranée nous submerge*
Jean Viard, *Le moment est venu de penser à l'avenir*
Jean Viard, *Le triomphe d'une utopie*
Jean Viard, *Toulon, ville discrète*
Jean Viard, *Marseille. Le réveil violent d'une ville impossible*
Jean Viard, *La France dans le monde qui vient. La grande métamorphose*
Jean Viard, *Nouveau portrait de la France*
Jean Viard, *Fragments d'identité française*
Jean Viard, *Lettre aux paysans et aux autres sur un monde durable*
Jean Viard, *Penser la nature. Le tiers-espace entre ville et campagne*
Jean Viard, *Éloge de la mobilité*
Jean Viard, *Le nouvel âge du politique*
Patrick Viveret, *Reconsidérer la richesse*
Julien Wagner, *La République aveugle*
Patrick Weil, *Être français* (existe en version illustrée par Pascal Lemaître)
Yves Wintrebert, Han Huaiyuan, *Chine. Une certaine idée de l'histoire*
Emna Belhaj Yahia, *Tunisie. Questions à mon pays*
Mathieu Zagrodzki, *Que fait la police ? Le rôle du policier dans la société*